UN PETIT MOT D'ARCHÉOLOGIE

A PROPOS DU CULTE DE

SAINTE LIBAIRE

VIERGE ET MARTYRE

RÉPONSE A M. FÉLIX VOULOT

DIRECTEUR DU MUSÉE D'ÉPINAL

PAR

M. L'Abbé V. MOUROT

CHEVALIER DE L'ORDRE DU SAINT-SÉPULCRE
MEMBRE DE LA SOCIÉTÉ FRANÇAISE DE NUMISMATIQUE
ET D'ARCHÉOLOGIE DE PARIS

SAINT-DIÉ
TYPOGRAPHIE ET LITHOGRAPHIE L. HUMBERT.

RÉPONSE

A M. Félix VOULOT

UN PETIT MOT D'ARCHÉOLOGIE

A PROPOS DU CULTE DE

SAINTE LIBAIRE

VIERGE ET MARTYRE

———————— +·+·+ ————————

RÉPONSE A M. FÉLIX VOULOT

DIRECTEUR DU MUSÉE D'ÉPINAL

PAR

M. L'Abbé V. MOUROT

CHEVALIER DE L'ORDRE DU SAINT-SÉPULCRE
MEMBRE DE LA SOCIÉTÉ FRANÇAISE DE NUMISMATIQUE
ET D'ARCHÉOLOGIE DE PARIS

————

SAINT-DIÉ
TYPOGRAPHIE ET LITHOGRAPHIE L. HUMBERT.

UN PETIT MOT D'ARCHÉOLOGIE

A PROPOS DU CULTE

DE SAINTE LIBAIRE

VIERGE ET MARTYRE

Il n'est pas rare à notre époque de rencontrer des soi-disant connaisseurs de l'art qui pensent acquérir les notions de l'antique en époussetant les musées, à peu près comme certains amateurs de belles lettres croient saisir les principes de la littérature en lisant les journaux.

Vous entendez ceux-là raisonner d'un ton tranchant sur les ruines du passé, comme ceux-ci sur Homère ou Bossuet, sans se douter que leurs dissertations fantaisistes ressemblent à ces fleuves qui s'enflent quand on n'a pas besoin de leurs eaux et qui restent à sec quand ces eaux seraient le plus nécessaires.

Ces réflexions me viennent dans l'esprit à la lecture de certains extraits du *Bulletin de la Société philomatique vosgienne*, où M. F. Voulot fait de l'archéologie à outrance à propos d'une tête colossale de *calcaire* trouvée aux environs de Grand, tête à laquelle se trouvait « *adoptée, par derrière,* « *une autre tête opposée sur le même piédestal.* » Je tiens à citer textuellement :

« *La tête conservée ayant sans doute appartenu à un* « *Bacchus-Liber, celle qui manque représentait peut-être* « *la déesse Libera. Sans insister sur cette simple hypo-* « *thèse, il convient de signaler à ce propos, que le culte* « *tout légendaire d'une sainte Libère* (sic), *patronne de* « *nombreuses localités vosgiennes, s'est conservé à Grand* « *avec une étonnante vitalité. Il serait curieux d'exami-* « *ner si la légende chrétienne mentionnée pour la pre-*

« mière fois par un hagiographe du XII° siècle, serait
« une transformation du mythe païen de *Libera*. »

Ce n'est pas la première fois que M. Voulot commet des
erreurs grossières au sujet des trouvailles faites dans les
ruines de Grand. Lors de la mise au jour de la célèbre mosaïque que tout le monde admire, n'avait-il pas affirmé avec
assurance que la scène représentée au centre de ce vaste et
riche pavage était un souvenir du *Plutus* d'Aristophane,
alors qu'on ne trouve pas, dans l'analyse de cette pièce allé-
gorique, l'indication précise des divers personnages séparés
par une cloison ?

De ce grief, je ne saurais trop lui garder rancune. Une
science d'observation fondée sur des phénomènes presque
insaisissables procède nécessairement un peu par voie de
tâtonnements. S'il ne fallait jamais se tromper, il faudrait
rester muet et je ne sache pas que la science gagne beaucoup
à ce silence.

Toutefois quand on publie des notes aussi vagues, aussi
malséantes que celle de M. Voulot, dans le *Bulletin* précité ;
quand on affecte d'accoler le mépris des choses saintes à
une ignorance pleine de prétention, il faudrait au moins
motiver son jugement pour se donner l'apparence de la
bonne foi. M. Voulot me paraît bien en retard ; car l'impiété
est passée de mode.

Evidemment je ne me targuerai point, comme mon illustre
contradicteur, de hautes connaissances archéologiques ; je
crois cependant pouvoir affirmer que M. Voulot fait erreur
sur trois points : 1° sur les attributs de Bacchus dont il
pense reconnaître le type dans la statue qu'il décrit ; 2° sur
la transformation de sa déesse *Libera* en *Libaria*, vierge et
martyre ; 3° sur le culte de notre sainte patronne qu'il qualifie
de *légendaire*, alors que ce culte très réel, appartenant à
l'histoire, est aussi vivace que jamais.

I

Quand on lit les élucubrations de M. Voulot, on croirait qu'il lui suffit de voir un type pour en deviner immédiatement le nom. Il imite le ton tranchant du Bernin qui prenait jadis la figure mutilée de Pasquin pour une des belles têtes de l'art grec ; il parle de toutes choses comme un homme qui ne les aurait vues qu'en songe, et il serait capable, dans son enthousiasme aveugle, de donner pour antique une peinture à fresque du Guide.

Dans la description qu'il fait de la prétendue tête de Bacchus, M. le Directeur du musée d'Epinal m'a l'air d'avoir complètement oublié même les éléments de la mythologie.

Il prête de la barbe au dieu du vin, puis des cornes avec « *un rictus légèrement grimaçant et railleur de la bouche,* » le tout agrémenté « *d'une physionomie auguste empreinte* « *d'une pointe de bestialité.* »

A dire vrai, je ne comprends pas très bien cet accouplement de qualités si diverses sur un même visage. J'avais en outre supposé qu'on représentait de la sorte les Satyres et les Faunes, quelquefois le vieux Silène, ce père nourricier de Bacchus, si maltraité par la nymphe Eglé, de concert avec Chromis et Mnasyle. Mais il faut croire que les auteurs anciens, moins érudits peut-être sur la matière que M. Voulot, m'ont induit en erreur. « *Les cheveux des Satyres et des Faunes sont hérissés et peu crépés à leur pointe, parce qu'on a voulu leur donner le caractère de poils de chèvre.* » (Anthol. Epig. Græc.) Ces sortes de chevelures que les grecs appelaient ΕΥΘΥΘΡΙΞ *Euthuthrix,* sont nommés par Suétone « *capilli leniter inflexi* » (Suet. Aug. c. 79).

C'était par les cheveux et les oreilles que les anciens statuaires cherchaient à montrer leur art et à caractériser leurs personnages. La chevelure rabattue sur le front distinguait un Jupiter et un Hercule des autres dieux.

A l'exemple d'Apollon, Bacchus portait des cheveux descendant le long des épaules. On ne voit guère que ces deux divinités qui les aient de cette forme; ce qu'il est bon de constater, parce que cette disposition spéciale les fait reconnaître dans leurs figures mutilées. La physionomie de Bacchus est généralement celle d'un jeune homme qui entre dans le printemps de la vie. Ses traits sont pleins de douceur, arrondis et délicats, parce que, selon la fable, ce dieu aurait été élevé comme une fille. Sénèque nous le dépeint comme une vierge travestie.

Disons cependant que Bacchus ne fut pas exclusivement révéré sous la forme de la jeunesse; il le fut aussi sous celle de l'âge mûr. Comme il avait laissé croître sa barbe pendant son expédition aux Indes, on l'a quelquefois représenté avec cet appendice pour indiquer le conquérant. Mais dans ce cas, l'idéal de la virilité se trouve combiné avec celui de la jeunesse, et tous les bustes connus du Bacchus des Indes ou de Bacchus *Liber Pater* sont couronnés de lierre. Le traité : *De Imaginibus Deorum* et le *Discours sur la Religion des anciens Romains* (Lyon 1567) parlent d'une médaille du côté droit de laquelle se voit Bacchus ceint d'une couronne de lierre, avec ces lettres grecques ΛΥΩΝ qui signifient LIBER, et de l'autre côté se trouvent des Bacchantes qui font un présent à Dionysius (surnom de Bacchus) avec cette inscription : ΔΙΟΝΥΣΩ ΔΩΡΟΝ.

Or, M. Voulot ne nous dit pas si son Bacchus Liber porte un diadème autour des cornes bien humiliantes dont il le coiffe. Il parle bien d'un piédestal sur lequel repose sa tête, mais cela ne prouve rien en faveur de Bacchus, quoiqu'on lise dans Pausanias (liv. IX) que ce dieu fut honoré sous la forme d'une colonne.

Dès les commencements de l'art ancien on se contentait de désigner les divinités soit par un bloc informe ou par une pierre cubique.

Telle était la forme de la Junon de Thespis et celle de la Diane d'Icare. De même la Diane Patroa et le Jupiter Milichius de Sicyone ainsi que l'ancienne Vénus de Paphos n'étaient que des espèces de colonnes. L'Ecriture Sainte nous parle aussi de certains dieux du paganisme qui n'avaient de la figure humaine que la tête. On sait que les Grecs appelaient les pierres cubiques surmontées de têtes, des *Hermès*, en souvenir de la vieille manière pelasgique de représenter le dieu Mercure (*Macrob. Sat., I, 19. — Juven. VIII, 53*). Ces monuments grossiers étaient encore appelés des *Termes* à cause de leur destination comme poteaux indicateurs, comme montants dans une barrière d'ornement, ou comme limite de deux propriétés. Ces pilastres nus, à quatre faces, étaient quelquefois surmontés d'une tête simple, mais plus habituellement d'une double. On choisissait communément à cet effet les Faunes et les philosophes. Il a plu à M. Voulot de deviner un Bacchus barbu ou Bacchus *Liber* dans le monument qu'il nous présente. C'est son affaire ; mais n'aurait-il pas donné la préférence à cette interprétation, pour avoir mieux occasion de faire le rationaliste ou l'esprit fort au sujet de nos chères croyances et pour découronner traîtreusement nos plus pures gloires ? C'est ce qui me reste à examiner.

II

Comme nous venons de le dire, il est bien difficile d'admettre que la tête colossale, décrite par M. Voulot, représente réellement Bacchus ; attendu que l'artiste gallo-romain ne lui a point imprimé, par la beauté du visage, le caractère de divinité qui distingue aisément le Bacchus *Liber* des têtes ordinaires des Hermès.

Mais en supposant que M. Voulot pût avoir raison sur ce point, nous sommes en droit de lui demander à l'aide de quels arguments il établira que la figure, opposée à Bacchus, est celle de la déesse *Libera*.

Quelle est donc cette fameuse déesse désignée par ce surnom? Est-ce Vénus, fille du Ciel et de la Terre, qui comme Bacchus présidait aux plaisirs grossiers des sens? Est-ce Proserpine, la femme de Pluton, et qu'on désignait en Sicile de ce nom : *Libera*? Est-ce Ariane, fille de Minos, roi de Crète, ravie par Bacchus, dont Properce a dit :

Lyncibus in cœlum vecta, Ariadna tuis,

Ariane que l'on voit assez fréquemment sur les médailles ou les camées à côté de Bacchus couronné de lierre, ainsi qu'on peut s'en rendre compte dans les magnifiques collections de Rome ou du Cabinet Farnèse, à Naples? M. Voulot reste muet sur ces divers points.

Je sais bien qu'au dire des anciens, c'était de Cérès et de Bacchus que venait l'abondance de tous biens, et de l'abondance la *Libéralité*, cette déesse si désirée de tout le monde qu'elle a mérité d'être mise au nombre des vertus. Ce ne nous semble pas cependant, comme à M. Voulot, une raison suffisante pour affirmer que les chrétiens de la cité (1) épiscopale de Saint-Eucaire ont choisi cette divinité païenne *Libera*, pour en faire *Libaria*, leur sainte patronne, vierge et martyre.

Etymologiquement parlant, il n'existe aucune relation entre ces deux mots. Tout occupé qu'il est à faire des tableaux de genre, M. le Directeur du Musée d'Epinal ne soupçonne pas même la différence qui existe entre un

(1) Jusqu'ici personne n'a encore répondu à l'argument tiré de la numismatique en faveur du siège de Grand, à savoir qu'à l'époque mérovingienne le titre de *Civitas* (donné à Grand sur les monnaies et plus tard dans les actes publics) était exclusivement réservé aux lieux qui avaient eu ou possédaient des sièges épiscopaux. Les autres villes, à la suite de César dans ses *Commentaires*, sont appelées *pagus, castrum, partes, domus*. Aujourd'hui encore on retrouve ces différentes subdivisions dans l'Etat ecclésiastique. Les diocèses répondent aux cités, *civitatibus*; les archidiaconés aux pays, *pagis*; les doyennés aux moindres parties, *partibus*; et les paroisses aux villages, *domibus*. Car les villages prenaient leurs noms du seigneur qui les possédait et y avait sa maison, et près de qui demeuraient ses sujets et vassaux, *Ambacti et clientes*. (Voir les *Remarques sur la Carte de l'ancienne Gaule*, par le sieur Sanson d'Abbeville, géographe du Roy, Paris, 1652.)

qualificatif et un nom propre. Ce qui nous prouverait clairement que M. le Chroniqueur de la *Société philomatique* est à peu près aussi fort en lexicologie qu'en mythologie.

Nous ne saurions admettre que pour se donner le malin plaisir de jouer le rôle d'iconoclaste, on tourmente ainsi la grammaire. Et, dans cette circonstance, la thèse soutenue par M. Voulot me rappelle l'étrange dissertation, vieille d'un demi-siècle, où un Polonais, infortuné savant dont j'ai oublié le nom, essayait de prouver que les saints martyrs Denys, Rustique et Eleuthère, fondateurs de l'Eglise de Paris, n'étaient autre chose que *Bacchus campagnard et libertin.*

En effet, disait-il, Διονύσιος est un surnom grec de Bacchus, appelé ainsi de la ville de Nysa, où il avait été élevé et où il avait un temple superbe; *Rusticus* signifie *campagnard,* et Ἐλεύθερος; en latin *Eleutherius* est un autre sobriquet de Bacchus *Liber,* à cause de la grande liberté que produit le vin dont il est le dieu.

Assurément cet enfantillage d'esprit fort est ingénieux comme calembourg, mais il menace de rendre la science et les savants ridicules. Les hommes sérieux ne se paient pas de ces sortes d'hypothèses, et M. Voulot fera bien, dans l'intérêt de son prestige, de renoncer à sa fantaisiste transformation de *Libera* en *Libaria,* et d'écrire désormais comme tout le monde *Libaire* au lieu de *Libère.* Je l'engagerai même à relire attentivement les articles 52 et suivants du Code en ce qui touche l'altération ou la falsification des actes civils. Ce petit exercice le rendra plus circonspect et ne lui fera pas traiter si légèrement de *culte légendaire* un culte réel, traditionnel et plus vivace que jamais dans le cœur de nos populations chrétiennes, qui invoquent leur patronne avec confiance.

III

Sainte Libaire, quoi qu'en dise M. Voulot, appartient à l'histoire au même titre que sainte Geneviève, Jeanne d'Arc, sainte Germaine Cousin, ces bergères héroïques qui, plus d'une fois, sauvèrent la France de ses désastres. On sait le nom du père et de la mère de notre patronne : Baccius (1) et Lientrude, d'origine patricienne, *de stirpe regiâ*, qui avaient été amenés dans les Gaules par la conquête de cette province.

On connait l'époque du trépas glorieux de sainte Libaire, 362 de l'ère chrétienne, et personne n'ignore que ses frères et sœurs, non moins illustres qu'elle, comme martyrs ou comme vierges, ont été placés sur les autels par la Sainte Eglise, et proposés à la vénération des fidèles il y a de longs siècles.

La dévotion à sainte Libaire s'est répandue fort loin ; elle a donné son nom à Condé-Sainte-Libaire, localité située entre Meaux et Lagny (Seine-et-Marne). Il existe encore dans le diocèse d'Arras un petit village où le culte de cette vierge martyre est très en honneur. Il y a déjà plusieurs siècles que la paroisse d'Ayette est sous la protection de sainte Libaire, car Guillaume Gazet, dans son *Histoire ecclésiastique des Pays-Bas*, imprimée à Arras en 1613, dit clairement qu'elle est honorée au village susdit depuis longtemps et qu'il y a une église bâtie en son honneur.

Il y a de plus, dans la Meurthe, la Meuse et les Vosges, un grand nombre d'autres églises bâties sous le vocable de

---

(1) Je suis très étonné que M. Voulot, pour corroborer sa thèse, n'ait pas encore signalé ce rapprochement de mots, *Baccius* et *Bacchus*. C'est peut-être ce qui l'aura déterminé à soutenir l'affinité de notre chère petite sainte avec les tristes héros de la mythologie. Avec un tel système on peut aller loin et bouleverser toutes les généalogies.

la patronne de Grand, et cela depuis un temps immémorial (1).

A quelle date, à quelle circonstance faut-il rattacher cet amour et ce dévouement pour sainte Libaire ? Il serait difficile de le préciser. Il faut évidemment que de nombreux faits surnaturels aient été obtenus par son intercession, pour avoir provoqué un pareil enthousiasme.

Pas n'est besoin de rappeler ici le zèle des habitants de Grand, vers la fin du XVe siècle, alors qu'ils construisirent l'église actuelle dans une même pensée d'affection, ni la célèbre procession (juin 1719) de Grand à Neufchâteau, avec le concours de toutes les populations voisines, ni les courageuses manifestations des cloutiers pour défendre les reliques de leur patronne contre les persécuteurs odieux de 1793, et sauver, vers 1850, la chapelle de la grande place du marteau des agents du service vicinal (2). M. Voulot, qui a dû passer de longues semaines à Grand, lors des fouilles de la mosaïque et de l'amphithéâtre, a pu se convaincre de la vitalité d'un culte assurément moins légendaire que ne le seront plus tard ses fades impiétés, dont les honnêtes gens ont vite fait bonne justice.

On ne traite pas légèrement de *légendes* des récits admis par Rupert, les Bollandistes, Jean Ruyr et tous les historiens de la Lorraine. Bien des choses ont été écrites à cet égard, et il n'y a plus guère que M. Voulot qui n'en sache rien ou qui paraisse n'en rien savoir. Je ne crois pas nécessaire d'y revenir. Sous le couvert d'une vaine science, il affecte l'indifférence ou le mépris pour les observances du culte catholique. A l'exemple de Lucien (moins l'esprit cependant), il a l'air de ne voir dans les chrétiens qu'une bande de fous ou de charlatans, et comme Celse, il s'indigne parfois qu'on ose proposer de telles croyances aux esprits cultivés.

(1) En 1878, la *Semaine religieuse* a publié divers articles sur la vie et le culte de sainte Libaire. (Note de la Rédaction.)

(2) M. Aymé, de Médonville, ancien député, juge d'instruction près le Tribunal de Neufchâteau à cette époque, pourrait mieux que tout autre témoigner de l'amour des habitants de Grand pour sainte Libaire. Le récit de cette campagne serait des plus curieux.

Triste situation que celle d'un archéologue auquel la Providence réservait une autre mission! Les élucubrations scientifiques de M. Voulot sont tout simplement des plaisanteries du genre de celle d'un écrivain qui a fort ingénieusement démontré, pour tourner en ridicule les rationalistes de notre époque, que Napoléon Ier n'a jamais existé; que ce sont les cléricaux qui ont fait un personnage historique de ce conquérant légendaire entouré de ses maréchaux, et qu'il n'était autre qu'Apollon (le Soleil) entouré de ses douze planètes.

Le lecteur voudra bien me pardonner d'avoir fait à M. Voulot l'honneur, sinon le plaisir, de ferrailler avec lui par la plume, pour la défense de sainte Libaire (1). Si ses affirmations gratuites étaient demeurées sans contradiction, les historiens de l'avenir, au vu d'un tel silence, n'auraient-ils pas pris les Vosgiens pour les Béotiens de la Gaule?

L'Abbé V. MOUROT,

Chevalier du Saint-Sépulcre.

---

(1) Voir l'intéressante étude publiée par M. l'abbé V. MOUROT, *Sainte Libaire et le village de Grand. Souvenir de l'époque gallo-romaine.* — Prix *franco* : 1 fr.